Made in the USA
Monee, IL
26 January 2022

89932927R00069